# CYTHERE ASSIEGÉE

## *OPERA COMIQUE*

### *EN UN ACTE.*

Réprésenté à Bruxelles pour la premiere fois
le 7. Juillet 1748.
Par les Comediens de S. A. S. Monseigneur le
Comte de Saxe, Maréchal Général des Camps
& Armées du ROY, & Commandant général
des Pays-Bas.

Militat omnis Amans et habet
sua Castra Cupido.

*Le Prix est de trois livres avec tous les Airs gravés.*

M. D. CC. XLVIII.

# ACTEURS.

BRONTE'S, Chef des Scites, *le Sr. Parent.*
OLGAR, Prince Scite, *le Sr. Durancy.*
BARBARIN, Aide de Camp d'Olgar, *le Sr. Dreuillon.*

## NYMPHES.

DAPHNE',      *Mlle Durancy.*
CLOE',      *Mllc Beauménard.*
CARITE,      *Mlle Chantilli.*
MIRTO,      *Mlle Jacmont.*
DORIS;      *Mlle Danetaire.*

Chœur de Scites.

Chœur d'Amans & Amantes, Habitans de Cythere.

Amours & plaisirs.

*Cette Piece fut d'abord faite en Prose & Couplets par Mr FAVART, en societé avec Mr FAGAN, & représentée à Paris à l'ouverture de la Foire St. Laurent 1748 & depuis entiérement refondue & mise tout en Chants par Mr. FAVART, pour la Troupe des Comediens de Bruxelles.*

# CYTHERE ASSIEGÉE
## OPERA COMIQUE.

*Le Théatre répréfente l'exterieur des Jardins de Cythère qui fervent d'Enceinte & de Ramparts à cette Ville ; des Buiffons de Myrthes & de Rofes forment des Paliffades ; à travers les Arcades qui s'elevent fur les Murs, on découvre dans l'éloignement le Palais de l'Amour.*

---

## SCENE PREMERE

**DAPHNE', CLOE', MIRTO, DORIS, NYM-PHES ET BERGERS, *Habitants de* CYTHE'RE, *qui célebrent une Fête en l'honneur d'Adonis.***

### DAPHNE'.

AIR: Nᵒ. 201.

Abitans de ce doux Empire,
Chantez les feux qu'Amour infpire.

A ij

## CHOEUR.

Chantons les feux qu'Amour infpire.

## DAPHNE'.

AIR: Nº. 202.

Venus veut qu'en ce jour, les Amans réunis
Célebrent par d'aimables Fêtes,
Le tendre & charmant Adonis,
La plus chere de fes Conquêtes.
Pour fuivre ce Mortel, digne Rival des Dieux,
La Mere des Amours abandonne Cythére,
Et fon cœur moins ambitieux,
Le préfere au Dieu de la Guerre.

( *On danfe.* )

## CLOE'.

AIR: Nº. 203.

Adonis eft fait pour charmer,
Il ne cherche point d'autre gloire,
D'autre victoire
Que le bonheur d'enflâmer
L'objet qu'il fçait aimer.

( *On danfe.* )

## CLOE'.

AIR: 204.

Avec qu'elle ardeur

Venus & les Graces
Volent sur les traces
D'un jeune Chasseur !
Dans les Bois fleuris
Des Monts d'Idalie ,
La Déesse oublie
Ses Peuples chéris.

*( On danse. )*

*( Un Bruit de Guerre interromp la Fête. )*

DAPHNE'.

AIR: Nº. 205. *Tant de valeur.*

Ah quel horreur ! quel bruit de Guerre
Vient effaroucher les Amours !
Les Trompétes & les Tambours
Répandent l'effroi dans Cythére.

# SCENE II.

CARITE, *Les précedents.*

CARITE.

AIR: No. 206. *Ah j'ai grand peur !*

SEcourez moi, mes cheres Sœurs,
　　Ah je me meurs. . . . *( bis )*

Où nous sauver de leurs fureurs ?
Ah je me meurs....　　　( bis )

### DAPHNE'.

Achevez vîte,
Chere Carite.

### CLOE'.

Quel sujet cause vos frayeurs ?

### CARITE.

AIR : No. 207. *N'avous pas vû passer.*

O Ciel ! que d'Ennemis....
O Ciel ! que d'Ennemis
S'avancent pour détruire
Cet Empire !

### DAPHNE'

Que venez vous nous dire ?
Je frémis.

### CARITE.

AIR : Nº 208.

Sous cet Ormeau,
Je reposois au bord de l'eau,
Et je respirois
L'air doux & frais
Qu'on sent là.

Ah !
Mon Troupeau bondiſſoit
Sur des fleurs qu'un Zéphir careſſoit;
A l'abri du Soleil,
Je me livre aux douceurs du Someil;
Dans ce ſéjour,
Je croyois voir dormir l'Amour,
Un Monſtre odieux
L'alloit frapper à mes yeux....
Dieux !
( 2e. *Couplet* )     Je m'écrie auſſitôt....
La frayeur me réveille en ſurſaut.
Quel malheur m'attendoit !
Du préſage mon cœur palpitoit.
Sur le Coteau,
Je ne vois plus mon cher Troupeau !
Je le trouve, hélas,
Entre les bras
Des Soldats.

AIR: Nᵒ. 209. *Menuet de Dardanus.*

Je pouſſe envain de cris
A ce ſpectacle terrible ;
Alors un bruit horrible
Glace mes eſprits :
De toutes parts, j'entend,
Ramplan ;
Je vois des Dards,

Des Etendards
Et des Géans
Grands grands,
Dont le nombre couvre nos Champs.

### MIRTO.

AIR: *No.* 141. *Com' vla qu'eſt fait.*

O Dieux! quels dangers nous menacent!

### CARITE.

Je prends la fuite; mais hélas!
Dans les fleurs, mes pieds s'embaraſſent;
Et j'entends courir fur mes pas;
Je tombe éperdue & mourante,
Un Soldat, d'un air indiſcret,
Saiſit bientôt ma main tremblante,
Son regard médite un forfait.

### CLOE'

Que t'at-il fait?

### DORIS.

Que t'at-il fait?

### CARITE.

AIR: *No.* 210. *Prends mon iris prends ton verre.*

Le Barbare
Me déclare
Qu'il va m'immoler à Mars:
A mes charmes,

A mes

A mes larmes,
Les Cruel n'a point d'egards.
Au fecours... envain j'appelle,
Déja le fer éteincelle
A mes timides regards....
La Colombe
Qui fuccombe
Dans les ferres du Vautour,
Moins craintive,
Moins plaintive,
Gémit de perdre le jour.

## D A P H N E'.

Air: No. 65. *Un petit moment plus tard.*

Quoi, vous avez pû l'éviter?
Qu'elle eft ma furprife!

## C A R I T E.

Deux font venus lui difputer
L'honneur de ma prife;
Je profite de l'inftant,
Je me fauve toute émue;
Sans un pareil differend,
J'êtois perdue,

## D A P H N E'.

Air: No. 199. *Songez, fongez à vous défendre.*

Songeons, fongeons à nous défendre

B

Préservons ce charmant féjour.

Aux Ennemis du tendre Amour,

Jufte-ciel! faudra-t-il fe rendre?

Songeons, fongeons à nous défendre,

Préfervons ce charmant féjour,

Combatons, préfervons ce charmant féjour.

*( Tous les Amans & Amantes rentrent dans Cythére pré-*
*cipitamment, en répétant en Chœur la fin de l'Air précé-*
*dant: Songeons, &c. )*

# SCENE III.

## OLGAR, BARBARIN.
## BARBARIN.

AIR: Nº 211. *Quand on parle de Lucifer.*

SEigneur ces lieux ne font pas fûrs;
Vous marquez trop de prudence.

### OLGAR.

Je viens reconnoître ces murs,
Objets de notre vengeance.

### BARBARIN.

Ah! les Gens de Guerre ont des cœurs bien durs!
Pefte foit de notre vaillance.

### OLGAR.

AIR: Nº. 4. *Tout cela m'eft indifférent.*

Quoi Barbarin a peur?

### BARBARIN.

Moi, peur?
Seigneur Olgar, c'eſt une erreur;
Mais dans le fond, j'ai l'ame bonne.

### OLGAR.

Tous les Amans doivent périr,
Mars en fureur ainſi l'ordonne.

### BARBARIN.

Qui peut contre eux, ainſi l'aigrir?

### OLGAR.

Air: No. 181. *De tous les Capucins.*

Venus qui regne ſur Cythere,
Infidelle au Dieu de la Guerre,
Le quitte en faveur d'Adonis;
Mars eſt outré de cette offence:
Tous nos Scites ſe ſont unis,
Chargés du ſoin de ſa vengeance

### BARBARIN.

Air: No. 63. *Amis ſans regretter Paris.*

De quoi diable nous mêlons-nous?
Quelle imprudence extrême!
Eh morbleu, ſi Mars eſt jaloux,
Qu'il ſe batte lui même.

B ij

## OLGAR.

AIR: N°. 62. *Il faut l'envoyer à l'Ecole.*

Ici l'adresse & la valeur,
Des Nimphes font l'heureux partage,
  Leur courage
Arrête le plus fier vainqueur.
Mars n'y feroit pas invincible;
Pour domter ces jolis Soldats
  Aux Combats,
Il faut être un Scite infensible.

AIR: No. 212. *Contredanfe de l'Ut Sol.*

Brontés, ce Chef intrépide,
  Qui nous guide
  Dans ce féjour,
Mieux que Mars, faura détruire
  Le doux Empire
  Du tendre Amour.
  Les prieres, la douceur,
   La douleur,
  Rien ne le touche,
  Son cœur farouche
  Cherit l'horreur.
Jufqu'à ce moment encore,
  Il ignore
  Qu'on puiffe aimer,
Et moi, pour une Tigreffe,

J'eus la foibleſſe
De m'enflâmer.

AIR: No. 213. *De France & de Navare.*

Du pouvoir d'un Sexe enchanteur,
    Qu'à preſent je déteſte,
J'ai déja fait, pour mon malheur,
L'épreuve trop funeſte :
Un hyver, que je ſuivis Mars
    Dans ce fatal Empire,
D'une Nimphe, les ſeuls regards.....
    De honte je ſoupire.

## BARBARIN.

AIR: No. 218. *Ah quel moment.*

Seigneur, expliquez nous comment....

## OLGAR.

Son aſpect trop charmant
    Troubla toute mon Ame :
    Dès le premier moment....
    Dieux, quel moment !
    Un trait de flâme
De Daphné me rendit l'Amant.

## BARBARIN.

AIR: No. 107. *O Réguingué ô lonlanla.*

Quel fut le prix de vos ſoupirs ?
                        B iij

## OLGAR.

Elle fit ses plus doux plaisirs
D'être contraire à mes desirs :
J'abandonnai cette inhumaine ;
La Vengeance ici me ramene.

## BARBARIN.

AIR: No. 214. *Non rien n'est si fatiguant.*

Comptez sur mon zele ardent,
Une noble ardeur m'enflâme ;
Des Nimphes, dans un instant,
Barbarin sera triomphant.
Pan pan pan pan pan pan pan,
Sous les efforts de ma lame,
Pan Pan pan pan pan pan.....

( *Il est interrompu par un bruit de Guerre.* )

AIR: Nº 73. *La Ceinture.*

Au secours !

## OLGAR.

Brontés, vient à nous.
Pourquoi des allarmes si fortes ?

## BARBARIN *( se rassurant. )*

C'est un mouvement de couroux.

## OLGAR.

Va faire avancer nos Cohortes.

---

# SCENE IV.

## OLGAR, BRONTE'S SCITES.

*Un corps de Scites armé de Sabres & de Boucliers, tra-*
*verse le Théatre en défilant devant Brontés,*
*au bruit des Instrumens militaires.*

## MARCHE DES SCITES.

### AIR: Nº. 215. La Turque.

## BRONTE'S.

*( Sur l'Air de la Marche )*

Cueillez des Lauriers,
Braves Guerriers,
Animez-vous
Tous ;
Pour nous, les Combats
Ont des apas,
Courons aux coups.
Qui peut se flater.
De resister
A nos efforts ?
Suivons nos transports,

Perçons,

Frapons

D'abord,

Fort:

Bravons le danger,

Il faut vanger

Sur ces Ramparts,

Mars.

---

# SCENE V.

**BRONTE'S, OLGAR, BARBARIN**, *conduisant un 2e. Corps de Scites armé de Maſſuës.*

## II. MARCHE DES SCITES.

Air: N°. 216. *Marche des Pandours.*

### BRONTE'S.

*( Sur l'Air de la 2e. Marche )*

Contre les Objets les plus charmants,

Courons faire la Guerre;

Tôt tôt, que l'on bruſque les momens

Pour s'emparer de Cythére;

Forçons ces Ramparts avec ardeur,

La fierté veut envain les défendre;

Mais il faut redoubler de valeur

C'eſt

C'eft alors qu'on doit craindre fes Las,
Et fouvent l'Amour, en pareil cas,
A mis les meilleurs Soldats
Bas.

*Les Scites font l'exercice de la Maſſuë & differentes*
*évolutions.*

## BRONTE'S ET OLGAR

AIR: Nº. 217.     ( D U O )

Brifons les Armes,
Renverfons les Autels,
Du fier Tiran des Mortels:
Méprifons fes larmes,
Ses plaintes, fes charmes
Trompeurs,
Pour en être vainqueurs,
N'ayons pour lui que rigueurs.
Mille objets feducteurs,
Cachent fes traits fous des fleurs;
A Jamais
De l'Amour troublons la Paix,
Et du poids de fes fers,
Affranchiffons l'Univers.

## BRONTE'S.

AIR: No. 219.

Marchez, Guerriers, la Gloire vous attend,
Combattez,

C

Meritez
Un triomphe éclatant.

## CHOEUR DE SCITES.

Combatons, méritons un Triomphe éclatant.

---

# SCENE VI.

## CARITE, BRONTE'S, OLGAR, BARBARIN, SCITES.

*Comme les Scites se disposent à l'attaque, Carite paroît sur les Ramparts en sonnant de la Trompette. Deux Scites sont détâchés pour aller reconnoître, ils aménent Carite à Brontés.*

### CARITE.

AIR. No. 220. *La Bergere de nos Hameaux.*

IL est tems de Capituler;
Pourquoi vainement se défendre?

### BRONTE'S.

Nous t'écoutons, tu peux parler;
Mais de nous qu'ose-t-on prétendre?
Le Scite guerrier
Ne fait point de quartier,
On n'en doit pas attendre,
Et ces lieux saccagés . . . .

## CARITE.

De par les Assiégés,
Je viens vous sommer de vous rendre.

**AIR. 221.** *Marche du Marechal de Saxe.*
Quelle audace,
Soldats,
Conduit vos pas ?
Votre valeur terrasse
Des Guerriers
Couverts de Lauriers ;
Mais songez que l'Amour,
Qui vous brave en ce jour,
Rend par ses coups,
Les Cœurs plus doux :
Le courage dans les Combats
Peut vous affranchir du Trépas ;
Mais on ne peut jamais
D'Amour éviter les traits.

**AIR. No. 149.** *Est-il de plus douces Odeurs.*

Craignez tout de notre valeur.

## BRONTE'S.

Quel discour téméraire ?

## CARITE.

Croyez-vous donc par la fureur
C ij

Pénétrer dans Cythére ?
Traitons enfemble avec douceur,
Vous ne pouvez mieux faire.
Nous vous accordons, de bon cœur,
Les honneurs de la Guerre.

### BARBARIN.

AIR: No 222. *Je n'y puis rien comprendre.*
Si les Nimphes gardent ces murs,
Mon avis eft qu'on efcalade.
Leurs Traités ne font pas trop furs,
Craignons d'elles quelque embufcade.
Pour ne point voir par trahifon,
   Notre attente trompée,
   Paffons toute la Garnifon
   Vîte au fil de l'épée.

### OLGAR *à Brontés.*

AIR : Nº223. *Eft-ce de toi qu'il veut parler.*

Des Habitans de ce jour,
   Puniffez l'arrogance.

### BRONTÈS

Quoi, les vils fujets de l'amour
Nous feroient refiftance !

### BARBARIN.

Allons, morbleu, point de quartier,

Je monte à l'aflaut le premier.

## CARITE.

AIR: N° 224. *Il n'eft rien que l'amour n'égale.*

Les Mortels que Venus infpire
Affrontent les hazards
Comme les Enfans de Mars.
Ces Héros que le monde admire,
N'ont dû qu'à nous leurs Exploits les plus glorieux.
De l'Amour tout reffent l'empire,
Il triomphe & regne jufque fur les Dieux.

AIR: N° 225. *Nos plaifirs feront peu durables.*

Rendez-vous, que fert-il d'attendre ?
Mille plaifirs vous font offerts :
Eh pour quoi rougir de vous rendre ?
Il eft doux de porter nos fers.

AIR: N° 226

On s'arrache la Victoire
Sans égards
Dans les champs de Mars ;
Les Vainqueurs feuls ont la gloire,
Les Vaincus
demeurent confus ;
Mais on fe partage l'honneur,
Dans la douce Guerre
Qu'on fait à Cythére;

Il eſt tout auſſi flateuŕ
D'être vaincu que Vainqueur.

BRONTE'S *aux Seites.*

AIR : Nº 83. *Baiſe moi donc me diſoit Blaiſe.*

Marchez, Soldats', Brontés vous guide,

CARITE.

Pourquoi de Sang être ſi fort avide?
Nos uſages ſont differents:
Parmi nous la douceur préſide;
Il faut que de nos differends,
Un Combat ſingulier décide.

AIR. Nº. 43. *Maris voulez vous fuir l'affront.*

Parmi vous eſt le Prince Olgar,
A le combattre on s'aprête:
Oſe t-il courir ce hazard?
On veut le voir tête à tête.
Peut-on compter ſur lui?

OLGAR.

Oüi.

BARBARIN, *bas à Olgar.*

Qu'allez-vous faire?

OLGAR.

J'accepte le défi.

**BARBARIN**, *bas à Olgar.*

Fi,

Quel téméraire !

**BRONTE'S** *à Carite.*

**AIR. Nº. 227.** *Je ferai mon devoir.*

Olgar a marché fur mes pas ,
Il ne recule pas.
*(à Olgar)* Prince , en vous je mets notre efpoir,
Faites votre devoir.

**BARBARIN** , *à Olgar en fe retirant.*

Faites votre devoir.

*On reprend la Marche Nº. 216.*

*Brontés fait éloigner fes Troupes qui vont fe ranger dans le fond du Théatre , pour être Spectateurs du Combat.*

**CARITE**, *à Olgar.*

**AIR. Nº. 228.** *Voici les Dragons qui viennent.*

Vous vous croyez invincible ;
On vous foumettra.　　*(elle fe retire.)*

**OLGAR.**

Quel eft donc ce Guerrier terrible,
Qui croit ma Victoire impoffible ?

# SCENE VII.

OLGAR , DAPHNE', CHOEUR DE SCITES,
CHOEUR DE NIMPHES *Sur les Ramparts.*

D A P H N E' *paroît avec un Carquois fur l'épaule &*
*un Trait à la main.*

Le voilà.

## O L G A R.

A I R : Nᵒ. 4. *Tout cela m'eft indifferent.*

O Ciel ! que vois-je ? c'eft Daphné !

## D A P H N E'.

Olgar m'en paroît étonné !

## O L G A R.

Es tu l'ennemi redoutable
Que l'on oppofe à ma valeur ?

## D A P H N E'.

Ouï, voyons, Guerrier indomtable,
Qui de nous deux fera Vainqueur.

## O L G A R *à part.*

A I R : Nᵒ. 229. *Tatez-en tourelourirette.*

D'où naît le tranfport qui m'agite ?

Dans

Dans mon ame fa vuë excite,
Et la colere & le dépit;

### DAPHNE'.

(*à part.*) Son trouble annonce fa défaite.
(*haut.*) Combattons, tourelourirette,
Si le cœur vous en dit.

### CHOEUR DES SCITES.

Air: Nº 230.
N'écoutez que la-vengeance.
Vengeance, vangeance.

### CHOEUR DES NIMPHES.

Amour, fignale ta puiffance.

### SCITES.

Vengeance, vengeance.

### NIMPHES.

Vole à notte défence.

### SCITES.

N'écoutez que la vangeance,
Vengeance, vangeance.

### DAPHNE'
Air : Nº 34. *Non je ne ferai pas.*

Héfiter à combattre eft pour nous un outrage:

D

Je t'offre un ennemi digne de ton courage,
J'ai rempli l'Univers du bruit de mes exploits,
Mille & mille Captifs ont gémi fous mes loix.

AIR: N° 231. *Tourne, c'eſt ton payement.*

Nous foumettons le plus farouche,
Par un regard, par un foupir;
Ce font les armes du plaiſir;
Si ces traits n'ont rien qui te touche,
Perce, perce, immole un cœur amoureux,
Dont toi feul alluma les feux.

OLGAR          (*plus agité.*)

AIR: N°. 152. *Sur le pont d'Avignon.*

Dont j'allumai les feux! fe peut il.... ah, cruelle!
Ta rigueur m'annonçoit une haine éternelle.

DAPHNE'.

AIR: No 232.

Nous refiſtons à qui nous brave,
Par la douceur,
On foumet notre cœur:
Il falloit être mon efclave,
Pour devenir bientôt mon vainqueur.

OLGAR.

AIR: No. 233. *Quand Iris prend plaiſir à boire.*

(*à part.*) Méprifons ces perfides charmes.

(*à Daphné.*) Ne crois pas que tu me défarmes
Par l'efpoir d'un plus doux retour.

## DAPHNE'.

Viens donc combattre, & fonge à ta défence;
J'ai de quoi te vaincre en ce jour
Avec le Carquois de l'Amour;
Contre fes traits,
A-t'on jamais
Fait réfiftance?

## CHOEUR DES SCITES.

*Fin de* l'AIR: No 230.

N'écoutez que la vengeance,
Vengeance, vengeance.

## OLGAR.

AIR No 234. Parodié d'Armide *Par lui tous mes Captifs.*

Hébien, c'en eft donc fait, puifque Mars me l'ordonne.

(*levant fa Maffuë pour fraper Daphné.*)

Qu'elle tombe.... (*Il s'arrête.*) Dieux! je friffonne!

## DAPHNE'.

Ton Bras eft fufpendu! qui retient ton courroux?

## OLGAR.

Livrons nous aux tranfports que la gloire m'infpire.

D ij

Frapons . . . . .

**D A P H N E'.**

Viens, je brave tes coups.

**O L G A R.**

Immolons. . . . je ne puis. . . Vengeons nous. . .
je foupire.

**D A P H N E'.**

Eft-ce ainfi que tu fais éclater ta valeur ?
Quand il doit triompher, Olgar manque de cœur.

A I R : *Vaudeville du Prix de Cythere.*

Quoi, déja tu fens des Allarmes,
Et tu laifles tomber tes Armes !
Rannime toi; c'eft infulter
Notre gloire,
Que de fçavoir mal difputer
La Victoire.

**O L G A R.**

A I R : Nº. 235. *Nina.*

Souffrirai-je un affront mortel ?
Quel reproche cruel !
Ciel !

**D A P H N E'.**

Crois-tu m'infpirer de l'effroi ?

Tu vas fuivre ma loi.

### OLGAR.

Moi !
*(à part)* De mon cœur chaffons la pitié.

### DAPHNE'.

Je t'ai vaincu plus d'a moitié ,
Et ce trait là
T'achevera,
Tien , le voilà le voilà.

*Elle lance un trait à Olgar dont le trouble*
*augmente.*

là.

AIR : *Nº.236. Sans les connoître.*

Olgar foupire !

### OLGAR.

Juftes-Dieux ! que je fuis confus !

DAPHNE' *( avec un fouris malin )*
Olgar foupire !

### OLGAR.

Je fens . . . . .

### DAPHNE'.

Achevez donc.

## OLGAR.

C'eſt aſſez vous en dire :
Helas, que voulez-vous de plus?
Olgar ſoupire.

AIR: No. 237. Muſette de Rochard. *Au bord d'un*
*clair Ruiſſeau.*

Tu fais renaître en moi
Une flâme plus vive,
Et mon Ame captive
Va voler après toi :
Les Belles ſont nos Rois,
Nos Cœurs ſont leur Empire,
Et tout ce qui reſpire,
Eſt ſoûmis à leurs Loix.

AIR: Nº. 238. *Sur la Fiévre & ſur la Migraine.*

( *Se mettant aux genoux de Daphné & lui préſentant*
*les Armes* )

Que de mon ſort, Daphné diſpoſe,
Je rends les armes.

## DAPHNE'. ( *la relevant.* )

Levez-vous.
La peine qu'aux Vaincus j'impoſe,
C'eſt de s'enchaîner avec nous.

AIR: Nº. 239. *Obéiſſons ſans balancer.*
Que mon Captif aille annoncer

Qu'il eſt tems qu'on ſe rende.
Obéiſſez, ſans balancer,
Lorſque l'Amour commande.

DAPHNE' *ſe retire fiérement avec les armes d'Olgar,
& reparoît enſuite ſur les Ramparts au milieu
des Nimphes.*

CHOEUR *des habitans de Cythére.*

AIR: Nº. 240. Chœur de Roland. *Triomphez
charmante Reine.*

Triomphez, Nimphe charmante,
Vos Traits ont vengé l'Amour.
Que chacun chante
Dans ce grand jour
Sa Victoire éclatante.

---

# SCENE VIII.

BRONTE'S *& tous les Acteurs précédens.*

BRONTE'S *à Olgar.*

AIR: Nº. 14. *Bouchez Nayades vos Fontaines.*

MOn étonnement eſt extrême!
Un Héros formé par moi même . . .

OLGAR.

Oui, je ſuis vaincu par Daphné:

Si l'Amour eſt une foibleſſe,
Pourquoi les Dieux m'ont-ils donné
Un Cœur capable de tendreſſe ?

### B R O N T E' S.

AIR: No. 205. *Tant de valeur & tant de charmes.*

Va, vil Eſclave que j'abhorre,
Va ramper ſous d'indignes Loix;
Briſe ton Arc & ton Carquois
Que ta lacheté des-honore.

### O L G A R.

AIR: No. 241. *L'aimable Aurore.*

Quand le tonnere
Fait par ſes coups trembler la terre,
Un inſtant peut troubler les airs :
Le feu de deux beaux yeux, plus promt que les éclairs,
En nous porte une flâme
Qui trouble notre Ame.

### B R O N T E' S.

AIR: No. 93. *Le Maſque tombe.*

Malgré l'honneur qui devoit te conduire,
Sans reſiſter, ton courage s'abat !
Ne penſe pas que j'avouë un combat
Où la valeur peut ſe laiſſer ſéduire.

AIR: No. 242. *Courons aux armes Freres.*
( *Aux Scites* )
Enfans de la Victoire,

A ma

A ma voix,
Rangez vous tous fous mes loix,
Il faut que par nos exploits
Nous réparions notre gloire:
Courons à la Victoire,
Tôt, tôt, tôt.
A l'affaut, vîte â l'affaut,
Arborons fur ces Ramparts,
Nos Etandarts.

DAPHNE' *Sur les les rampars au milieu des Nimphes.*
Air: No. 243. *Aimons, aimons nous.*

Par des plaifirs enchanteurs,
Nous foumettrons toute la Terre:
Nous voulons fraper vos cœurs;
Mais par une plus douce Guerre:
Nous n'oppofons à vos fureurs,
Que des parfums & des fleurs.
Cedez, rendez vous,
Cedez au Dieu de Cythere,
Aimez, aimons nous,
Eft-il un plaifir plus doux!

*Le Chœur des Nymphes repette.*

Cedez rendez vous &c.

BRONTE'S ( *aux Scites.* )

Air: No. 244.
Guerriers votre audace

E

Hézite à punir !
Main baffe, main baffe ;
Qui peut vous retenir ?

### D A P H N É.

Accourez Troupes légeres,
        Servez nos defirs,
Enchainez ces témeraires
        Au fein des plaifirs.

*Il fort des Buiffons de Rofes une Troupe de Nimphes qui*
*forme des danfes legeres autour des Scites. Tandis*
*qu'une partie de ces Guerriers s'efforce à leur refifter,*
*l'autre donne affaut à la Ville. Les Nymphes fe défendent*
*avec des fleurs & repouffent les Scites, qui font enfin*
*contraints de fuir ou de fe rendre.*

### B R O N T É S.

AIR. Nº. 36. *Mon petit doigt me l'a dit*

Les Nymphes ont l'avantage,
La honte eft notre partage !
Quoi, laches, vous fuyez tous ?
Fuyez, vil Troupeau timide .
Ce bras que la fureur guide
        Sçaura triompher fans vous.

# SCENE IX.

## BRONTE'S, CLOE'.

### CLOE'.

AIR: No. *Non je ne ferai pas.*

SEigneur, ou courez vous ? Le peril eſt
    extrême !
Ah, pour vous je frémis.

### BRONTE'S.

Frémiſſez pour vous même.

### CLOE'.

Vous pouvez m'immoler à ce noble couroux,
On doit ſe faire de tomber ſous vos coups.

AIR. No. 245 *Mon cher Blaize.*

    A la gloire,
    Vous devez ſonger,
    Et ménager
    Votre Victoire :
    A la gloire
    Vous devez ſonger ;
Mais differez à vous venger.

E ij

### BRONTE'S.

Non non, je prétens . . . .

### CLOE'.  ( *Brontés arrêtant.* )

Daignez m'en croire,
Saisissez mieux les instans.
De Cythére les vils habitans
N'oseroient s'armer ;
Mais leur pouvoir va vous charmer.

### BRONTE'S

Je les brave.

### CLOE'

Craignez leurs appas.

### BRONTE'S.

Tu deviendras
Toi-même Esclave.
Je les brave,
Et bientôt mon bras,
Portera par tout le trépas.

### CLOE..

AIR : Nº 2. *Le fameux Diagênes.*

Dans l'air pour se defendre,
Ils viennent de répandre

Un poison dangereux;
Sitôt qu'on le respire,
On se trouble, on soupire,
On devient amoureux.

Air : Nº *C'est fort bien fait, c'est encor mieux.*

Attendez un moment Seigneur,
Que le charme finisse,
Et de votre juste fureur,
Vous me verrez complice.

### BRONTE'S.

De mon courroux, tout deviendra l'objet.

### CLOE'.

C'est fort bien fait.　　　( *bis.* )

### BRONTE'S.

Et par le feu je détruirai ces lieux.

### CLOE'.

C'est encor mieux.　　　( *bis.* )

### BRONTE. S.

Air : Nº 247. *Je n'en dirai pas d'avantage.*

Qu'entens-je ! vous n'êtes donc pas
Habitante de cet Empire?

## C L O E'.

Seigneur, c'eſt à regret, hélas !

## B R O N T E' S.

D'où naît cette ardeur que j'admire !

## C L O E'.

A I R : Nᵒ. 102. *J'écoutois de la ſon caquet.*

On voit ſouvent des Officiers
En quartier d'hyver à Cythere ;
Un de ces Héros eſt mon Pere,
J'en ai les ſentimens Guerriers.

A I R : Nᵒ. 248. *J'entends déja le bruit des armes.*

Lorſque j'entends le bruit des armes,
Je ſens une ſubite ardeur.
Votre aſpect a pour moi des charmes,
J'admire en vous cet air vainqueur ;
Loin de me cauſer des allarmes,
Vous m'inſpirez de la valeur.

## B R O N T E' S.  (*à part.*)

*Dans toute cette Scene Brontés eſt ſeduit par degré &*
*ſans s'en apercevoir.*

A I R : Nᵒ. 249. *Vous l'enflâmez comme meche.*
Son courage m'intereſſe.

### C L O E'.

Ah que ne fuis-je Maîtreffe ,
De marcher fous vos Drapeaux ;
A la gloire j'ofe prétendre
Et de vous je voudrois aprendre ,
L'illuftre metier des Héros.

### B R O N T E' S.

A i r. No. 250. *Je fuis un crouftilleux Chaffeur.*

L'audace éclate dans fes yeux.

### C L O E'.

Sur vos pas la gloire m'appelle.

### B R O N T E' S (*à part*).

Ah dans cet Empire odieux ,
Je n'épargnerai qu'elle.

### C L O E'.

A i r : N°. 251. *Pour tirer auffi.*

Si quelque adverfaire
Menaçoit vos jours,
A votre fecours ,
J'irois contre ce téméraire.
Qu'il me feroit doux,
De périr pour vous.

### BRONTÈS.

AIR: N° 252. *Ce jaloux transport m'enchante.*
Je sens élever mon âme
Par ces généreux propos.
A ta voix, un nouveau transport m'enflâme;
Je respecte en toi la vertu des Héros.

### CLOÉ

AIR: N°. 253

Arrachez moi de cet affreux séjour.

### ENSEMBLE.

| CLOÉ | BRONTÈS. |
|---|---|
| Je veux jouïr d'une gloi-<br>re immortelle, | Tu vas jouïr d'une gloire<br>immortelle; |

( *Tendrement.* )

Faisons serment de détester l'amour.
Mon cœur lui jure une haine éternelle.

### CLOÉ.

AIR : N° 82. *Et j'y pris bien du plaisir.*

( *Prenant la mas-<br>sue de Brontés.* )  Essayons un peu, de grace.
Sous les armes suis-je bien?

### BRONTÈS.

De Bellone elle a l'audace.
J'admire ce fier maintien.

CLOÉ

C L O E' *ôtant l'épée à Brontés.*

Voyons, si de cette épée
Je scaurai bien me servir.

B R O N T E' S.

O Dieux ! mon ame est frapée
De surprise & de plaisir.

C L O E'.

A I R : N° 69 *Par la vertu de ma vie.*
Grand Dieux que je suis ravie
D'avoir en main cet acier
        meurtrier.
Si quelqu'un avoit envie
Déprouver mon courage altier,
Par la vertu, tu tu tu de ma vie,
Il demanderoit bien-tôt quartier.

*Après avoir desarmé Brontés elle l'enchaîne avec une*
*Guirlande de Fleurs.*

A I R No 264. *I i il va dire ma mere*
    Puis après sa défaite
    Je le lierois ainsi.

B R O N T E' S   *enyvré d'amour.*

Mais... mais... mais que fait tu, folette.

C L O E'.

Paix, paix, paix, bon j'ai réussi.

A I R : N°. 124. *Je suis un enfant ne crains rien.*
    Ce cœur si fier, ce cœur si grand,
    De moi n'a pu se défendre,
    Et par Cloé, comme un Enfant;
    Vous venez de vous laisser prendre.

B R O N T E' S. *s'efforcant de briser sa Chaine.*
    Dieux, quelle honte !
    Otez promptement.

                    F

#### C L O E'.

Vraiment, vraiment,
Ce n'eft pas là mon compte.

AIR : No. 255. *Gentille Pellerine.*

Quoi votre caquet ceffe ?
Que votre orgeuil s'abaiffe.
(*à part*)     Je vais mener en leffe
Par tout ce Héros la.
Sa furprife eft mon ouvrage.

#### B R O N T E' S.

Quel plus fenfible ourrage !
Craignez tout de ma rage.

#### C L O E'.

Ouida, méchant, ouida,
Si vous bronchez ; on vous corrigera.

# SCENE X.

### OLGAR. CLOE'.

### O L G A R.

AIR : No 256. *Chantons le jeune Roy.*

Ciel, eft-ce Brontés que je vois !

#### C L O E'.

Il eft auffi de nôtres,
Et d'une Nimphe les exploits
Surpaffent tous les vôtres

#### O L G A R.

Brontés enchainé fous vos Loix !

## CLOE'.

Nous en avons bien vû d'autres.

## BRONTE'S.

AIR: N°. 257. *C'eſt l'Ouvrage d'un moment.*
Non la flêche n'eſt pas plus prompte,
Que l'effet d'un regard charmant,
On veut combatre vainement,
Du prémier trait l'Amour nous domte,
C'eſt l'ouvrage d'un moment.

AIR: N° 258. *Vous brillez ſeule en ces retraittes.*
Je cede au penchant qui m'entraine,
Otez ces nœuds, il en eſt de plus doux;
Hélas, me faut-il d'autre chaine
Que l'Amour, que l'Amour qui m'attache à vous.

## OLGAR.

AIR: N°. 259. *Par un jeune témeraire.*
Ta foibleſſe que je contemple,
Autoriſe mon ardeur;
Mars lui même eſt notre exemple,
Venus regne ſur ſon Cœur.

## OLGAR, ET DAPHNE'.

### D U O.

AIR: No. 260. *Oh Pierre ph Pierre.*

| OLGAR. | DAPHNE'. |
|---|---|
| Quelle douceur parfaite! | Quelle douceur parfaite! |
| J'obtiens un doux retour. | Obtiens un doux retour. |
| Pour prix de ma défaite, | Pour prix de ta défaite, |
| Je triomphe à mon tour. | Sois vainqueur à ton tour. |

*ENSEMRLE.*

Mon ame
S'enflâme,
Livrons nous à l'Amour.

*D U O.*

BRONTE'S ET CLOE'.

*ENSEMBLE.*

AIR: *Ah Pierre, ah Pierre.*

Des ardeurs les plus vives,
Reffentons les effets:
Amour tu nous captives;
Mais c'eft pas des bien-faits.

Mon ame
S'enflâme,
Aimons nous à jamais.

# SCENE XI.

Les precedens, CARITE, DORIS
MIRTO, BARBARIN.

BARBARIN.
AIR: No. 261. *Des Pantins.*

Voilà donc nos fanfarons,
Qui devoient tout mettre en cendre!

Voilà donc nos fanfarons !
Je ne vois que des Poltrons

AIR: No. 262. *Jardinier ne vois tu pas.*
Tous nos gens ont lachépied,
Je refte ſeul à prendre.

### MIRTO.
Va je te prends par pitié.

### BARBARIN.
Je veux bien par amitié,
     Me rendre.        ( *ter.* )

*CHOEUR DE NIMPHES.*
AIR : No. 263.
Victoire, victoire, victoire,
    Victoire , victoire ,

# SCENE XII.
## CARITE.
Victoire, victoire, victoire,
    Nos fiers ennemis ,
    A nos Loix font foûmis.
Victoire , victoire , victoire,
Aux chaines nous les avons mis.
Pour mieux aſſurer notre gloire,
Mars a fait la Paix avec Venus.
Pour mieux aſſurer notre gloire,
Tous les Amans font revenus.

## CLOE', DAPHNE', CARITE.

Victoire, victoire, victoire,

Victoire, victoire.

### DIVERTISSEMENT.

*Les Nimphes aménent les Scites enchaînés avec des fleurs, elles les mettent en liberté & tout célebre le Triomphe de l'Amour.*

### CARITE.

AIR : No. 264.

La paix regne en ces aziles,

Le tendre Amour

Eſt de retour.

Que les Amans goutent des biens tranquilles,

Les Ris, les Jeux vont embélir ſa Cour.  (*fin*)

Ce Dieu va par ſa Puiſſance,

Enchanter ces lieux chéris,

Ce ſons flateurs à nos cœurs attendris

Annoncent ſa préſence.

La paix regne, &c. *au mot Fin.*

*Une Simphonie agreable annonce l'Amour, ce Dieu paroit au milieu des plaiſirs, toute la Scene s'embellit de Trophées, de Caſcades & de Berceaux de Fleurs.*

ENTRE'E DE *L'AMOUR ET DES PLAISIRS.*

*Une* NIMPHE *chante l'*AIR : No 265.

Des fiers Guerriers

Sans offencer la gloire,

Aux doux plaiſirs peuvent s'abandonner;

Souvent l'Amour ſe plaît à badiner

Dans les bras de la victoire.

*BALLET DE BERCEAUX LT DE GUIRLANDES.*

# VAUDEVILLE.

LE tendre Amour comme Bellone,
A sa Milice & ses Guerriers,
Sous ses étendarts on moissonne,
Des Fleurs des Mirthes des Lauriers :
Faisons une Guerre nouvelle,
A Cythére dressons un Camp,
Ratapatapan, ratapatapatapan, ratapatapan,
C'est l'Amour qui nous apelle.

Avis à la belle Jeunesse :
Sujets en âge de servir,
Enrôlez-vous dans la tendresse,
Sous la conduite du plaisir.
Suivez nos Drapeaux avec zele,
Et la victoire vous attend ;
Ratapatapan, &c.
C'est l'amour qui vous apelle.

Pour prendre le cœur d'une prude,
Ne forme pas un Siege ouvert,
Amant Guerrier, met ton étude,
A trouver un chemin couvert ;
Marche sans bruit cher Camarade,
Si tu saisis l'heureux instant,
Ratapatapan, &c.
Sa vertu fait la chamade.

Quand une Belle vous évite,
Sans combat, suivez la de près ;
Lors qu'elle est au bout de sa fuite,
L'attaque a bien plus de succès :

Dès qu'elle ne prend plus le large,
Livrez lui Bataille, à l'inftant;
Ratapatapan, &c.
Les Amours battent la charge.

❀

Venez Jeunes Guerriers timides,
Nous donnons du cœur aux foldats.
Vieux corps autrefois intrepides,
Ne nous livrez aucuns Combats;
Nous dédaignons votre défaite,
Quand on eft foldat veteran,
Ratapatapan, &c.
Il faut battre la retraite.

❀

Quand un corps de Robins s'avance,
Nous en triomphons fans danger :
Sur les terres de la finance,
Gayment nons allons fourager :
Quand les Plumets en embufcade,
Nous inveftiffent brufquement,
Ratapatapân, &c.
Il faut battre la chamade.

❀

Abbés vous affiegés les Belles,
Quand les Officiers fuivent Mars;
Vous attaquez les plus rebelles
Jufques dans leurs derniers remparts:
Souvent la victoire eft complette,
Mais quand le Guerrier eft prefent,
Ratapatapan, &c.
Battez vîte la retraite.

❀

Point d'hoftilité je vous prie,
Meffieurs nous demandons la paix;
Nous craignons moins l'Artillerie
Que le vacarme de fiflets;
Que la clemence vous defarme,
Qu'il eft noble d'être indulgent!
Ratapatapan, &c.
Ne nous donne point l'allarme.

*F I N.*

# TABLE DES AIRS. N. I.

IV
Tout cela m'est indifferent.
V
Vous qui du vulgaire stupide

VI
Oui Thomas n'est qu'un franc vaurien
VII
L'occasion fait le Laron

4
VIII
Mon mal ne vient que d'aimer.
IX
Si ma Philis vient en vendange,
X
Que je suis a plaindre en cette &c.

XI
J'ignorois mon teint ma taille.
XII
Quoi maman faut il encore.
XIII
Bachus disoit.
B

XIV
Bouchez Nayades.
XV
Ie suis pour les Dames moi,
XVI
Pour boir un peu comment ça frā.

XVII
Agnès qu'auparavant
XVIII
Je ne sçai ce qu'il me veut dire,
XIX
Pour heritage,

8
XX
St c'est un honnèur de boire
XXI
Es-t-c' que ça se demande.
XXII
De necessité necessitante

XXIII
Et tant tant tant,
XXIV
Dans un Couvent bien heureux,
XXV
Tout roule aujourd'hui dans le monde.
C

XXVI
Margoton ma mie,
XXVII
Dans un bosquet,
XXVIII
Je ne sais pas écrire.

XXIX
Jou jou tant que tu voudras,
XXX
Belle Chanoinesse

XXXI.
Une à une.
XXXII.
Dormir est un tems perdu,
lent.
XXXIII.
Où etes vous Birene mon ami !

XXXIV
Non je ne ferai pas,
XXXV
Ce qui n'est qu'enflure
XXXVI
Mon petit doigt
D

XXXVII
Pour Directeur,
Fin.
On reprend,
XXXVIII
Mr. la Palisse est mort,

XXXIX
Un Cordelier,
XL
Des gris vetus,

36
XLI
Buvons freres buvons,

XLII
Je vous la Gringole,
XLIII
Maris voulés vous fuir l'affront,
E

## XLIV

## XLV



## XLVI

Fin
.S. On reprend
XLVII
Petits oiseaux,

XLVIII
Contre un engagement,
XLIX
Permeté's le moi pere,

Voilà le voile,

Revenant de Lorette,

LII
Oh ricandaine ricandon,
3
LIII
On n'aime point dans nos forêts,

LIV
Ecoutés ma leçon forgerons ett.
LV
Ah venés y toutes,

LVI
La mirtanplain.
LVII
Aux armes Camerades,
LVIII
Oh devinés ce qu'il s'en suit,
LIX
A la chasse à la chasse,

Cor de chasse,
LX
Ah quel dommage,
LXI
La Chasse,
LXII
Il faut l'envoyer à l'école. G

LXIII
Amis sans regretter Paris,
LXIV
Ah qu'il est drole,

LXV
Un petit momont plus tard,
LXVI
Des routes du monde,
LXVII
De tout tems le jardinage,

LXVIII
Oui da oui da qui s'y fierroit,
LXIX
Par la vertu tu tu de ma baguette,

LXX

30
LXXII
Ah vraiment je m'y connois bien,
LXXIII
La Ceinture,
LXXIV
Voilà la différence,
LXXV
Des petits riens,

LXXVI
Donnés m'en encore autant,
LXXVII
Arrachés de mon cœur,

LXXVIII
Enfans de la paix,

A deux.
Iou-it on de son être, a-
mour sans vos fa-veurs,
nos feux nous font re-naitre,
en flamés ani-més nos cœurs,

en fla – més . . . . . . . . . . . . . ani
enflames . . . . .
més nos coeurs.
LXXX
Ah que la forêt de cythere,
LXXXI
Entre l'amour & la raison,

LXXXII
Et j'y pris bien du plaisir.
LXXXIII
Baise moi donc me disoit Blaise

## LXXXIV

## LXXXV

## LXXXVI

ne vouloit m'immoler en ce
jour, de cette rigueur in hu-
maine tu vas porter la
pei - ne, je veux t'immoler à mon
tour, je veux t'immoler à mon tour.
Ton courroux est le - gi - ti - me Sa-
ti re, perce mon cœur, j'ai trop bravé l'a-
mour vainqueur, n'épargne pas ta vic -
ti . . . . . . . me. S'il faut en gou—
K       Ce n'est qu'en goutant ses at -

tant ses attraits expi - - er mon of-
traits que tu pouras ex - pi - - er ton of-
fen - - ce, je prendrai pati -
fen ce,
ence,
Il est tems que ma vengeance lan-
Je me livre à ta vengean-
ce Je me livre à ta

vengean - ce lan-ce lan-
ce ses traits, il est tems que
ce tes traits lance lance
ma vengeance lan
lance lan ce tes traits,
ce ses traits,
lan ce tes
lan ce ses
traits, je prendrai pa-ti - en
traits, Il est

40
ce.
tems que ma vengeance lan
lance lance lance lance tes traits
ce ses traits
punis mon cœur de tous les maux que
lan
je t'ai faits.
ce ses traits.
Vaudeville
Refrain
FIN

88
I
Vous voulez me faire chanter.
89
a la derniere la mode.
90
C'est mon petit cœur de quinze ans.

91
L'autre nuit j'apperçus en songe.
Carillon de Melusine.
92
93
Le masque
tombe.
94
Nous sommes precepteur
d'amour.

95
Encore ces Jardins.
96
Silvie, Silvie j'ai vû vos beaux yeux.
97
La jeune
Abesse dece lieu.
98
Les Trembleurs

99
Paris est en grand
deuil.
100
Quand le peril est agreable.
101
Mais Monsieur a ce qu'il me semble.
102
J'écoutois de la
son caquet.
103
Il étoit un moine blanc

104
5
A sa voisine.
105
Iris est plus charmante.
106
Il a la fin montre.
107
O reguingué.
108
De ses yeux la langueur
Eloquente.

109
Maturin mon Compere.
110
Ah si j'avois connu Mr. de Catinat.
111
Changement pique l'apetit.
112
Le tout par nature.
113
Hé allons donc jouez violons.

114
Je ne suis pas assez beau.
115
Perette étant dessus l'herbette.

116

Je suis un bon soldat.

117

Eh comment donc c'est un petit Palais. bis.

118

119

Songez

Songez à vous deffendre.

120
9
Votre trident vous flate.
121
Toute la nuit je suis gelée.
122
Aile charmant berger que j'aime.
123
Qui veut donc que cet honneur.
124
Je suis un Enfant ne crains rien.

10
125
Ma Mere mariez moi.
126
On voit des
le deuxieme.
127
La beauté, la rareté, la curiosité.
128
Le Carillon de Vendome.
129
Gardez vos moutons, Lisette, Lison.

130
Le bran Dion.
131
Pour faire honneur
a la noce.
132
N'avez vous pas vû l'horloge.
133
Ahi ahi ahi finissez donc.
134
Reveillez vous belle endormi

12
135
Quel chien de
conte.
136
Mon honneur alloit faire naufrage.
137
138
ho, ho, ha, ha.
139
Je sens un certain je ne sçai quoi.

140
Voici le jour solemnel.
141
Com'il est qu'il est fait.
142
La liberté d'elle même est charmante.
143
Un jour la petite Claudi.

14
144
Pour la Baronne.
145
Dans vôtre joli corbillon qui métton.
145
Nous irons joujou.

147
Prenez en deux, prenez en trois.
148
Ces filles sont si
sottes.
149
Est il de plus douces odeurs.
150
Ha la drole d'histoire.

151
Jordi que vos repailes.
152
Sur le pont d'avignon.
153
Rage inutile.
154
Le Savetier matineux.
155
La fortune ainsi que l'amour.

155
Je suis la
fleur des garçons du village.
157
Faites boire a triple mesure.
158
D'une faute pour vous richure.
159
Si dans le mal qui me possede.

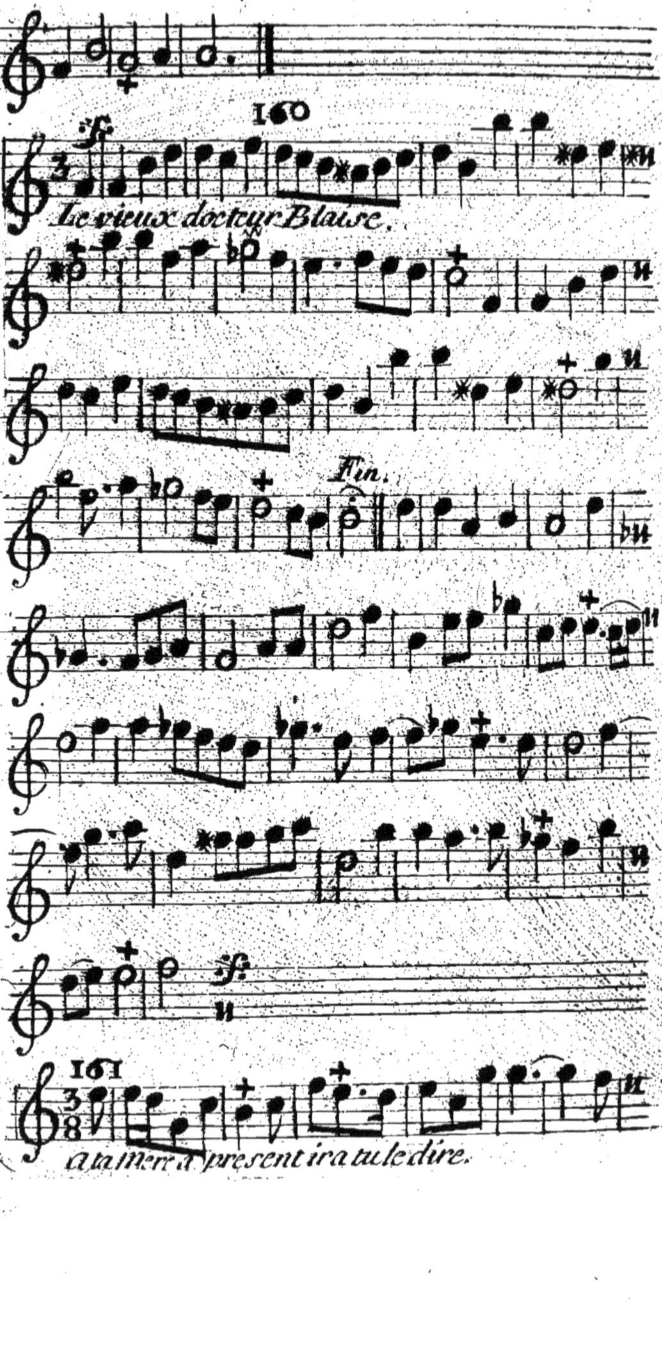

160



Fin.

161

162
De mon pot je vous en répond.
163
Viens trop insensible Silvie
Fin.
164
Puisqu'une Ingrate Maitresse.

Fin.
165
J'ai bien la meilleure femme.
166
Nous avons de fin's éguilles.
167
168

169
Fille qui voyage en france.
170
Bannissons d'ici l'humeur noire.
171
Vive michel Nostradamus.
172
Je crois Lison.

22
173
Que je regrette
mon amant.
174
Sans le sçavoir.
Duo.
175
O Pierre ô pierre.

176
Trois Enfans gueux.
177
Changement pique la petit
178
Tarare pompon
179
C'est une excuse.

180
Dans nôtre village.
181
De tous les Capucins du monde.
182
Qu'il pleuve qu'il vente qu'il tonne.
183
Ah Nicolas sois moi fidelle.

184
25
Morgué si je la tenois.
185
186
Comme un oiseau.
187
L'Amour n'est pas un Oiseau.

26
188
189
AuBal du Cours.
190
Ah Barnabas.
191
Ton humeur Caterine.

192
Quelle est joli' ma Brunette.
193
Voïelles anciennes.
194
Dieu benisse la besogne.

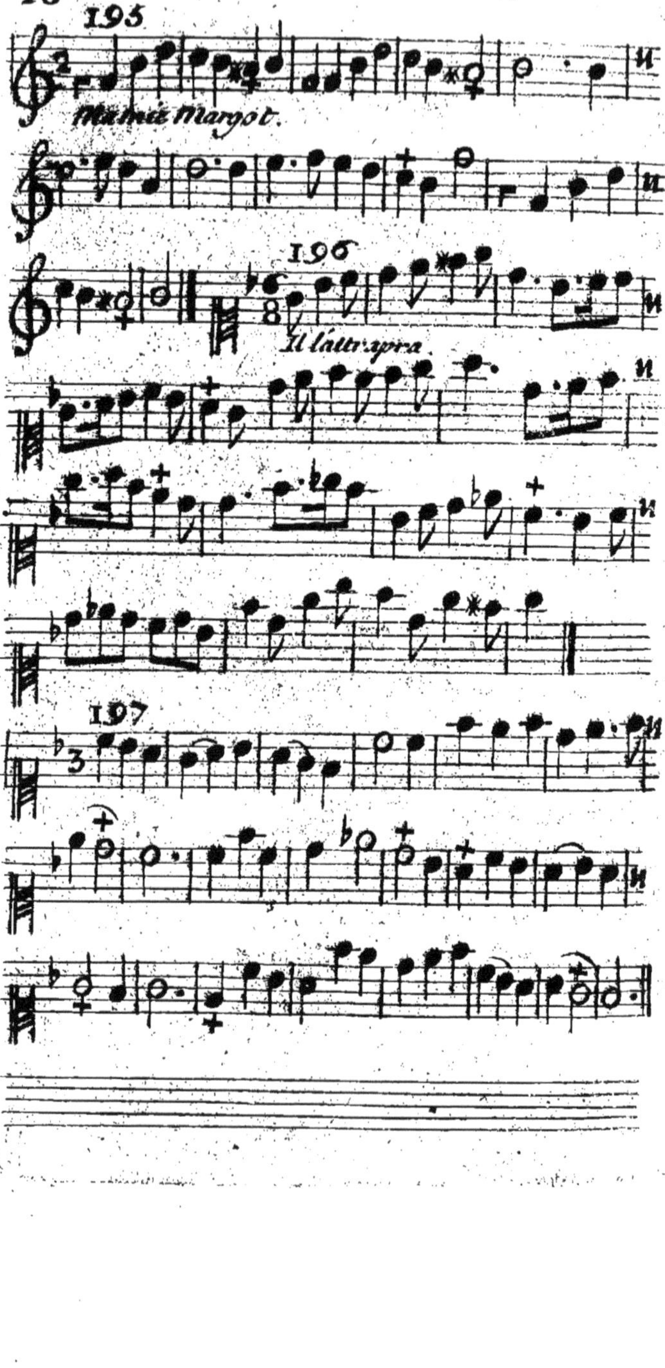

195
Ma mie Margot.
196
Il l'attrapra
197

Trio dans Acajou.
Chantons ♩♩: que nôtre voix éclate,
Chantons
Chantons

chantons l'amante d'Aca-jou, chantons l'amante
chantons l'amante
Chantons
d'Acajou.
Quenôtre voixé =
d'Aca-jou Quenôtre voixécla = te, que
d'Aca=jou,
Chantons, chantons . . . .

cia - - te, chantons l'amante d'Aca -
cia = te, chantons
quentrevixecla - te, Chantons
= jon, chantons l'amante d'Aca = jon
= jou, chantons
= jon, chantons

4
L'Amour ce petit fou Dans ses yeux fait jou-
=jou fait joujou comme un furet dans son trou,
comme un furet dans son trou.

5
F: Chœur.
Chantons ill: que nôtre voixé
Chantons
Chantons.
Fin.
=clate, chantons t'amante d'a=cajou. Elle est plus
=clate, chantons
Fin.
=ciate, chantons
Fin.

ten dre qui ne chate Qui soupire apres son ma=
Lent.
Gai.
=toumia ou mi a ou.
Gai.
Au Chœur.
Au Chœur.

Trio des cinq voïelles dans Acajou.    7
Doux.
a, e, i, o, u
a, e, i, o, u
a e
Doux.

a aeiou aeio___u a_
io n a aeiou io u a_
aeiou a aeio u
cio ua___e__i__ou a
e i o u
a cio u

a
e e on e
ii o u
acioua
acioua
i acio u a

II
Lentement
Fort.
Fort.

Duo
Amour a nos tristes soupirs fais succe=
Amour
=der ta douce yvresse, Sans les tourmens
=der ta
de la ten=dres=se, On gouteroit on les plai=
de la

-sir, l'Amour a nos tristes soupirs Fais
-sir l'Amour
succeder ta douce yvresse Sans les tour =
succeder
= mens de la t'en dresse En goûteroit -
= mens de la
- on les plaisirs?
- on les

201
I
Ha-bi-tans de ce doux Empire,
Chantés . . . . . . . . . . chantés les
feux qu'amour inspi . . . re; Habi tans de ce
doux Empire, chantés . . . . .
Chœur: chantés les feux qu'amour inspire.
Chantons . . . . . chan
Chantons :// : les feux chantons les feux chan
=tons les feux qu'amour inspi . re.
=tons les feux.
202
Venus veut qu'en ce jour les amans réü =

2
nis céle-brent par d'aimables fêtes, L'Ai=
=mable et charmant Ado-nis La plus chere de
ses conque-tes: Pour suivre ce mortel,
digne Rival des Dieux, La mere des a
=mours a-bandon-ne Cythere, Et son cœur
moins ambitieux Le pré-fere au Dieu de la
guerre, le préfe-re au Dieu de la guer-re.
203
A donis est fait pour charmer Il ne
cherche point d'autres gloire d'autres victoire Que
le bonheur d'enflamer L'objet qu'il scait charmer.

3
ado-nis est fait pour charmer Il ne
cherche point d'autres gloire, d'autres victoire,
que le bonheur d'enflamer l'objet qui sait aimer.
204
Avec qu'elle ardeur Venus et les graces volent
sur les traces D'un jeune chasseur Dans les
bois fleuris des monts d'Idali = e La Dé
=esse oublie ses peuples cheris.
205
Tant de valeur et tant de charmes.
206
ah j'ai grand peur.

207
N'a vous pas vû passer.
F: 208
Sous ce tormeau.
209
Menuet de Dardanus.

210
Prens mon Iris prens
Fin.
211
Quand on parte de lucifer.
212
Contredanse de lut
Sol.
Fin.

6   213
De france et de navarre.
℈. 214
Non rien n'est si fatiguant.
Fin.
215
La Turque.

216
Les Pandoures.
217
Brisons les armes Renversons les autels Du
Brisons.
fier tiran des mortels méprisons seslarm. &
fier tiran

8
plaintes, ses charmes trompeurs, Pô. en être vain=
plaintes,
=gueurs N'ayons pour lui que rigueurs: Mille Ob=
=gueurs N'ayons
=jets seducteurs cachent ses traits sous des fleurs.
=jets seducteurs
a jamais, de l'amour troublons la paix, Et du
a jamais
poids de ses fers affranchissons l'univers.
poids de

218
9
Auquels momens.
219
Marchez Guerriers, la gloire vous attend, Combat-
-tez, combattez :||: Remportez un tri-
Chœur.
=omphe éclatant Combattons combat=
=tons combattons remportons un triom=
-phe é-cla-tant.
220
La Bergere de nos hamea

10
221
Marche du Maréchal de Saxe
222
Je n'y puis rien comprendre.
223
Est ce de toi qu'il veut parler.

224
II
Il n'est rien que
L'amour n'égale.
Nos plaisirs seront peudurables.
225
226
On s'arrache la victoire.
227
Je ferai mon devoir.

12
228
Voici les dragons
qui viennent.
229
Tatez en tour tour irette.
:f: 230   Chœur.
N'écoutez n'écou tez que la vengeance, :||:
:f: N'écoutez
Fin Chœur de femmes.
:||: vengeance, vengeance   Amour,
Fin
vengeance
Amour signale ta puissance,
Vengeance, ven =

Vole anôtre deffence,
geance,
vengeance ven
vo le anôtre deffence.
geance;
231
Tourne, c'est ton païem.t
232
Nous resistons a qui nous brave.
233
Quand Iris prend plaisir a boire.

234
Olgar.
Air parodié d'Armide.
Eh bien c'en est donc fait, puisque Mars n'.l'ér..
donne, Qu'elle tombe, Dieux! je frissonne!...
Daphné.
Ton bras est suspendu, Qui retient
Olgar.
ton courroux? Livrons nous aux transports que la

gloire m'inspire, Frapons..vien, je brave te
Olgar.
coups. Vengeons nous..je ne puis...immo
Daphné.
lons je soupire !... Estre ainsi que tu
fais écla-ter ta valeur, Quand tu dois
Au cœu
triom = pher; quoi, tu manque de cœur?

16
235
Nina.
236
Sans les connoître.
237
Au bord d'un clair Ruisseau.

238
17
Sur la fie +vre et sur la migraine.
239
Obeissons sans balancer.
Prelude
240
Chœur de Roland.
Triomphez
Triomphé fun

Triomphez nimphes charman, triomphez
=phes charmantes, vos trã ont vengé l'Amour.
triomphés                    nimphes char
Triomphez                    triomphés
=mantes, vos traits on vengé l'amour, vos traits
nimphes charmantes, triomphez, vos traits
ont vengé l'amour Que chacun chante dans
ont vengé
ce grand
ce grand jour La victoire écla - tan

te, triomphez, triomphez
te; triomphez triom-
nimphes charmantes, vos traits ont ven =
= phez nimphes charmantes,
= ge l'amour, vos traits ont vengé l'amour.
triomphés vos traits
241
L'Aimable Aurore.
242
Couronsaux armes Freres.

20
243
Aimons aimons tous.
244
Guerriers votre audace
245
Mon cher Blaise dés que je te vois.
Fin.

246
C'est fort bien
fait.
247
Je n'en dirai pas d'avantage.
248
J'entends deja le bruit des armes.

22  249
Vous t'enflamez comme mêche.
250
Je suis un crous tilleux
Chasseur.
251
Pour tirer aussi.
252
Ce jaloux transport m'enchante.

Arrachez moi de cet affreux séjour, Je
veux jouir d'une gloire immortelle, Faisons ser
Duo.
Faisons
=ment de détes = ter l'amour mon cœur lui
=ment de
jure une hai _ ne eter nelle. Faisons ser _
jure
=ment de détes-ter _ l'amour, Mon cœur lui
=ment de

24
jure une haine eter=nel=le.
jure
254
I i il va dire a ma mere.
255
Gentille Pelerine.
256
Chantons chantons le jeune Roi.

257
C'est l'ouvrage d'un moment.
258
Vous brillez seule en ces retraites.
259
Vois taitnos agneaux Lisette.

26   260
o Pierre, o Pierre.
261
Les Pantins.
262
Jardinier ne vois tu pas.

263
27
Victoire victoire.
S: 264
La Paix regne en ce ? aziles, Le tendre a-
-mour est de retour, Que les amans goute de

biens tranquiles, les ris, les jeux vont embel =
Fin.
= lir sa cœur: Ce Dieu va par sa puissance
Fin.
enchanter ces lieux charmans.
Cessons flateurs . . . . . . a
nos sœurs attendris annoncent sa présence.

De fiers guerriers sans offencer la gloi
=re Aux doux plaisirs peuvent s'abandon
=ner
Souvent l'amour se
plait a badiner ..... dans les bras de
la victoire, Souvent l'amour se plait a badi

30
=ner... dans les bras de la victoi........re.
Vaudeville.
266
Le tendre amour comme Bellone A sa mi=
Sous ses étendarts son moissone Des fleurs des
=lice et ses guerriers. Faisons u-ne guer=
mirthes des lauriers:
=re nouvelle  A Cithere dressons un
Camp. Ratapa tapan ratapata pata pan
Rata patapan C'est l'amour qui nous a=
pel-le.